BEI GRIN MACHT SICH IHR WISSEN BEZAHLT

- Wir veröffentlichen Ihre Hausarbeit, Bachelor- und Masterarbeit

- Ihr eigenes eBook und Buch - weltweit in allen wichtigen Shops

- Verdienen Sie an jedem Verkauf

Jetzt bei www.GRIN.com hochladen und kostenlos publizieren

Bibliografische Information der Deutschen Nationalbibliothek:

Die Deutsche Bibliothek verzeichnet diese Publikation in der Deutschen Nationalbibliografie; detaillierte bibliografische Daten sind im Internet über http://dnb.d-nb.de/ abrufbar.

Dieses Werk sowie alle darin enthaltenen einzelnen Beiträge und Abbildungen sind urheberrechtlich geschützt. Jede Verwertung, die nicht ausdrücklich vom Urheberrechtsschutz zugelassen ist, bedarf der vorherigen Zustimmung des Verlages. Das gilt insbesondere für Vervielfältigungen, Bearbeitungen, Übersetzungen, Mikroverfilmungen, Auswertungen durch Datenbanken und für die Einspeicherung und Verarbeitung in elektronische Systeme. Alle Rechte, auch die des auszugsweisen Nachdrucks, der fotomechanischen Wiedergabe (einschließlich Mikrokopie) sowie der Auswertung durch Datenbanken oder ähnliche Einrichtungen, vorbehalten.

Impressum:

Copyright © 2013 GRIN Verlag, Open Publishing GmbH
Druck und Bindung: Books on Demand GmbH, Norderstedt Germany
ISBN: 9783668571518

Dieses Buch bei GRIN:

http://www.grin.com/de/e-book/380290/psychologische-belastungen-im-profifussball

Leon Theisen

Psychologische Belastungen im Profifußball

GRIN Verlag

GRIN - Your knowledge has value

Der GRIN Verlag publiziert seit 1998 wissenschaftliche Arbeiten von Studenten, Hochschullehrern und anderen Akademikern als eBook und gedrucktes Buch. Die Verlagswebsite www.grin.com ist die ideale Plattform zur Veröffentlichung von Hausarbeiten, Abschlussarbeiten, wissenschaftlichen Aufsätzen, Dissertationen und Fachbüchern.

Besuchen Sie uns im Internet:

http://www.grin.com/

http://www.facebook.com/grincom

http://www.twitter.com/grin_com

IGS Köln-Holweide   Schuljahr 2012/2013

Facharbeit
von Leon Theisen

Psychologische Belastungen im Profifußball – Endstation Burnout?

Unterrichtsfach: Sport Leistungskurs

Abgabetermin des Themas: 15.03.2013
Abgabetermin der Arbeit: 13.05.2013

Inhaltsverzeichnis

1. Einleitung   S. 1

2. Psychologische Belastungen und deren Auswirkung   S. 2
    2.1. Konkurrenzkampf innerhalb der Mannschaft
    2.2. Nominierungsdruck von Trainern und Verein
    2.3. Erwartungsdruck von den Fans
    2.4. medialer Druck   S. 3
    2.5. Verletzungsrisiko

3. Psychologische Belastungen als Auslöser von Depressionen   S. 4
    3.1. Was sind Depressionen?
    3.2. Wodurch entstehen Depressionen?   S. 5
    3.3. Psychische Erkrankungen – Tabuthema im Profifußball
    3.4. Was ist Burnout?
    3.5. Unterschied – Burnout und Depression   S. 6

4. Beispiele aus jüngster Zeit   S. 7

5. Behandlung von Burnout und Depression   S. 8

6. Fazit   S. 9

1. Einleitung

Kaum ein Job auf der Welt ist so heiß begehrt wie der eines Profifußballers. Tausende von jungen Amateurkickern in Deutschland hoffen darauf, eines Tages zu den rund 400 Bundesligaprofis zu gehören und geben daher alles um ihren Traum zu verwirklichen (vgl. [6]). Nur Wenige machen sich Gedanken darüber, wie dieser Traum in der Realität aussieht. Das Leben eines Profifußballers ist jedoch nicht immer so sonnig, wie es auf den ersten Blick erscheint. Psychologische Belastungen stehen an der Tagesordnung und der Grad zwischen Erfolg und Misserfolg ist klein, ein großer Druck dem nicht jeder gewachsen ist. Immer wieder kommt es zu Psychischen Erkrankungen in Form von Depressionen und Burnout. Sie sind viel weiter verbreitet als die meisten Menschen vermuten, doch fast kein Spitzensportler traut sich, offen darüber zu reden. Oftmals endet der Kampf mit der eigenen Psyche mit dem Rückzug aus dem Profigeschäft und manchmal sogar zusätzlich mit dem Suizid. Doch welche Belastungen wirken überhaupt auf einen Profi, wie entstehen dadurch Depressionen und wie kann er dem Burnout entkommen?

2. Psychologische Belastungen und deren Auswirkung

Ein Fußballprofi muss auf und neben dem Platz eine starke Psyche beweisen, denn das Profigeschäft ist zweifelsohne nichts für psychisch labile Menschen. In diesem Kapitel werfen wir einen Blick auf die verschiedenen Arten der psychologischen Belastungen und deren Auswirkung auf den Fußballer.

2.1. Konkurrenzkampf innerhalb der Mannschaft

Im Bereich des Profifußballs herrscht ein enormer Konkurrenzkampf im Team. Dieser ist vom Verein gewollt, denn der Druck, immer alles geben zu müssen, bringt die Profis täglich zu Höchstleistungen. Ständige Angst um den Job ist Alltag, denn niemand hat eine Stammplatzgarantie.

2.2. Nominierungsdruck von Trainern und Verein

Der Mannschaftstrainer eines Vereins hat stets den Willen, die besten elf Profis auf den Platz zu bringen. Das ist gar nicht so leicht, denn der Kader eines Bundesligisten besteht aus ungefähr 30 Spielern. Diese stehen im Training unter ständiger Beobachtung des Trainerteams und jeder Fehler oder jede Undiszipliniertheit macht am Ende vielleicht den Unterschied vom Stamm- zum Auswechselspieler aus.

2.3. Erwartungsdruck von den Fans

Für diejenigen die dem Druck standgehalten haben, die Trainer überzeugt und sich durch eine fehlerfreie Trainingsleistung in die Startelf gespielt haben heißt es noch lange nicht abschalten, denn die wichtigsten Menschen haben sie noch nicht auf ihrer Seite: die Fans. Sie sind der ganze Stolz des Vereins und haben die höchste Priorität. Sie müssen glücklich gemacht werden, denn für die meisten Fans ist der Verein ein Teil ihres Lebens und ständiger Misserfolg bringt die Gemüter oft zum überkochen. Umso größer ist der Druck auf die Spieler im Wettkampf. Hier müssen sie sich vor zehntausenden erwartungsvollen Augen beweisen. Immer wieder sieht man wie schwer es für junge und neue Spieler ist, die guten Trainingsleistungen ins Spiel einzubringen (vgl. [6]). Wer öfter mal einen bösen Fehler in der Verteidigung begeht wird ganz schnell zum Gespött des Publikums und muss sich mit anhören, von den eigenen Fans ausgepfiffen zu werden.

2.4. medialer Druck

Für die Medien ist ein ruhiger Verein, in dem alles gut läuft, langweilig. Sie verurteilen jeden Verteidiger für seine Fehler, zählen die torlosen Minuten der Stürmer und warten am Trainingsplatz darauf, dass sich im Team ein kleiner Streit anbahnt den sie in der Zeitung als aufgeblasene Story veröffentlichen können (vgl. Lahm, 2011, S.257). Durch den Druck der Medien fällt es den Spielern umso schwerer, sich auf den Fußball zu konzentrieren. Doch damit nicht genug, denn auch außerhalb des Trainingsplatzes sind die Spieler Berühmtheiten und stehen ständig unter Beobachtung der Presse. Privatsphäre hat man als Profi nur noch in den eigenen 4 Wänden (vgl. [6]). Mal Abends ausgehen gibt es dann nicht mehr. Immer wieder werden Spieler bei angeblichen Party-Eskapaden abgelichtet und von den Medien in den Dreck gezogen. Im Gegensatz zu den anderen Psychologischen Belastungen hat der mediale Druck eine negative Auswirkung auf die Fußballerische Leistung des Profis.

2.5. Verletzungsrisiko

Verletzungen passieren häufig und ohne Vorankündigung. Der Spieler kann für Wochen oder gar Monate ausfallen. Er ist nicht mehr Teil der aktiven Mannschaft und sein Marktwert sinkt. Daher stellt „eine Verletzung den Sportler vor eine besondere psychische Situation. Je schwerer die Verletzung, um so größer ist die Herausforderung, mit dieser Situation umzugehen." (Meyer, 2011, S.182)

3. Psychologische Belastungen als Auslöser von Depressionen

Ein Profi muss also neben den körperlichen auch großen psychischen Belastungen stand halten. Der ständige Druck überfordert viele Spieler. Immer wieder versinken Profifußballer in ihren eigenen Selbstzweifeln und neigen zu starker Depression. Eine Studie der „deutschen Sporthilfe", bei der über tausend Profisportler anonym u.a. zum Thema „Depressionen" befragt wurden, deckt schockierende Zustände auf. Fast 12 Prozent der Befragten gaben in der Umfrage bekannt, unter Burnout zu leiden. Nur 46 Prozent konnten „ehrlich nein" sagen (vgl. [1]). Doch nur wenige Menschen wissen über die psychische Erkrankung der Depression bescheid. In diesem Kapitel gehe ich u.a. darauf ein, was es heißt Depressionen zu haben und wie diese überhaupt entstehen.

3.1. Was sind Depressionen ?

Der Begriff Depression kommt vom lateinischen „deprimere" und bedeutet „hinunter- und niederdrücken" (Härter, Bermejo & Niebling, 2007). Depression gilt als eine der häufigsten Erkrankungen der heutigen Zeit. Der Unterschied zu anderen Krankheiten ist, dass Alter, Geschlecht und soziale Umwelt keine Rolle spielen. Jeder Mensch kann von ihr betroffen sein. Und die Todeszahlen beweisen, dass die Krankheit ernst genommen werden muss: rund ein Fünftel der Bevölkerung leidet momentan oder hat schon mal an Depressionen gelitten. Davon begangen 10% Suizid (vgl. [2]). Menschen die an Depressionen leiden bewegen sich lust- und antriebslos durch die Welt, sehen alles negativ, haben Minderwertigkeitskomplexe und kein Selbstwertgefühl mehr. Als körperliche Symptome können Herzbeschwerden, Schlafstörungen, Appetitverlust und Magen-Darm-Beschwerden auftreten (vgl. [3]).

3.2. Wie entstehen Depressionen?

Der größte Faktor bei der Entstehung von psychologischen Erkrankungen ist Dauerstress am Arbeitsplatz (vgl. [4]), also als Fußballprofi auf dem Platz. Leistungssportler stehen zu jeder Zeit unter dem immensen Druck besser als andere sein zu müssen. Viele schaffen es nicht, dem ständigen Druck standzuhalten. Profifußballer werden teilweise überfordert und irgendwann lässt die Leistung nach, die Erschöpfung wird größer und die Misserfolge nehmen zu. Kurz gesagt: „Es droht eine Abwärtsspirale" (Schneider, 2013, S.19). Die Depressionen werden außerdem noch verstärkt, wenn die Angst des Betroffenen über einen möglichen Verlust des Platzes in der Mannschaft größer wird. Die depressive Stimmung der Profis lässt auch außerhalb des Fußballplatzes nicht nach. Die Krankheit begleitet den Betroffenen in jeder Lebenslage.

3.3. Psychische Erkrankungen – Tabuthema im Profifußball

Fußball ist Männersport. So lautet zumindest das Klischee und genau dieses ist oft verantwortlich für die Geheimhaltung von psychischen Erkrankungen. Die Austauschbarkeit eines Profifußballers ist Teil des Vereinssystems und die Angst vor möglichen Nachteilen für die Profikarriere bewegt depressive Spieler dazu ihre Umgebung nicht über die Erkrankung zu informieren (vgl. Schneider, 2013, S. 106).

3.4. Was ist Burnout?

Der Begriff „Burnout" beschreibt „einen Zustand des 'Ausgebranntseins' durch höchste Arbeitsbelastung"(Schneider, 2013, S.34). Durch den Ärger des Profis über nicht erbrachte Leistung wird die Trainingsintensität erhöht (vgl. Schneider, 2013, S.19). Man möchte den Anschluss an die Startformation nicht verlieren und trainiert immer härter. Während dieses Prozesses sinkt das eigene Selbstbewusstsein und Selbstwertgefühl immer mehr ab. Der Körper „brennt" allmählich aus, ein Teufelskreis hat begonnen (vgl. [7]).

3.5. Unterschied – Burnout und Depression

Ursachen für das Burnout-Syndrom sind häufig berufsbedingt. Depressionen hingegen betreffen alle Bereiche des täglichen Lebens und können sich auf diese auswirken (vgl. [11]). Zusätzlich werden Depressionen als Dauerzustand beschrieben, während Betroffene des Burnout-Syndroms zu Teilen auch unbeschwerte Phasen durchleben können. Ein weiterer Unterschied ist, dass sich Betroffene in bestimmten Phasen des Burnout wie im „Kampf gegen sich selbst" (aus [11]) befinden, während bei Depression „das Krankheitsbild bereits mit Antriebs- und Lustlosigkeit" (aus [11]) beginnt, die sich im Verlauf zunehmend steigert.

4. Beispiele aus jüngster Zeit

Wie gut man seine Depressionen verstecken kann hat uns Robert Enke bewiesen. Er war 31 Jahre alt, Torwart der deutschen Nationalmannschaft, wurde als stark, frohen Mutes und glücklich betitelt (Reng, 2010, S.9). 2009 nahm er sich das Leben. Enkes Tod schockte ganz Deutschland und „offenbarte den meisten von uns, wie wenig wir von dieser Krankheit Depression verstehen"(Reng, 2010, S.10). Der Nationaltorwart schleppte jahrelang Versagensängste und Depressionen mit sich herum (vgl. [5]), sah am Ende nur noch den Freitod als Lösung für sein Leiden.

Ein anderes Beispiel ist Sebastian Deisler. Er galt als „das Ausnahmetalent" und Hoffnung des deutschen Fußballs. Aber immer wieder warfen ihn schwere Verletzungen zurück und er wurde depressiv. Anders als Robert Enke ließ sich Deisler anonym von einem Psychologen beraten. Als er 2002 beim FC Bayern unterschrieb schien alles besser zu werden. Er hatte auch in der Nationalmannschaft den Durchbruch geschafft und träumte von der Weltmeisterschaft 2006 im eigenen Land. Deisler wollte sich mit den größten Spielern der Welt messen. Doch wenige Monate vor dem heiß ersehnten Turnier erlitt er eine schwere Trainingsverletzung. Die Weltmeisterschaft war gelaufen und sein Traum geplatzt. (vgl. Schäfer, 2011, S.52) „Am Ende war ich leer. Ich war alt. Ich war müde. Ich bin so weit gelaufen, wie mich meine Beine getragen haben. Mehr ging nicht." sagt Deisler in einem Interview. Im Januar 2007 beendete er seine Karriere.

Noch früher als Deisler zog Ralf Rangnick die Reißleine. Er bekannte sich als Trainer von Schalke 04 öffentlich zu seiner Überforderung, nahm eine neunmonatige Auszeit und kehrte im Juni 2012 als Sportdirektor des österreichischen Meisters RB Salzburg ins Profigeschäft zurück.

5. Behandlung von Burnout und Depression

Aufgrund des vielschichtigen Krankheitsbildes von Depression und Burnout ist ein mehrdimensionales Therapiekonzept für die Behandlung abdingbar. (vgl. Müller & Strobach, 2005) „Die Therapie erfolgt in der Regel durch spezielle Medikamente (Antidepressiva) und Verhaltenstherapie." (Schneider, 2013, S.33). Dabei helfen z.B. Psychologen, sie können Betroffene beraten und die verschiedenen Behandlungsmöglichkeiten aufzeigen. Depressive Symptome können außerdem durch regelmäßigen Ausdauersport reguliert werden. Entspannungstechniken und Massagen fördern die Heilung zusätzlich (Meyer, 2011, S.164).

Das Problem der psychischen Erkrankung liegt meist darin, dass sich die Betroffenen nicht trauen sie an die Öffentlichkeit zu bringen. Sie verstellen sich so lange bis es zu spät ist. Frühzeitiges Erkennen von Burnout und Depression ist jedoch wichtig, denn nur dann sind sie gut heilbar. Vorraussetzung für die Heilung ist Offenheit. Wer sich nicht outet führt nur einen endlosen Krieg in sich selbst, der immer schlimmer wird. Ehrlichkeit zu sich selbst ist sehr wichtig, denn wer psychisch erkrankt und unter starken Depressionen leidet muss dringend etwas in seinem Leben verändern (vgl. [10]) .

6. Fazit

Die psychischen Belastungen im Profifußball sind wie vermutet immens. Das Burnout-Syndrom ist jedoch keinesfalls eine Endstation. Einerseits kann es sehr gut behandelt werden, andererseits kann es bei Nichtbehandlung zu lebensbedrohlichen Depressionen kommen. Vorraussetzung für die Heilung ist der offene Umgang mit der eigenen Erkrankung. Dem wirken jedoch die traditionellen Ideale des „harten Männersports" Fußball entgegen. Daher lässt sich vermuten, dass die Dunkelziffer psychischer Erkrankungen im Profifußball sehr hoch ist und die bekanntgewordenen Fälle nur die Spitze vom Eisberg sind. Die Anforderungen steigen, denn das Geschäft Profifußball boomt. Die Vereine sollten in Zukunft verstärkt mit Psychologen zusammenarbeiten, um die Gesundheit der Spieler zu schützen.

Literaturverzeichnis

Härter, Bermejo & Niebling (Köln, 2007)
Praxismanual Depression. Diagnostik und Therapie erfolgreich umsetzen.

Lahm, Philipp (München, 2011)
Der feine Unterschied.

Meyer, Thomas (München, 2011)
Sportpsychologie. Die 100 Prinzipien.

Müller & Strobach (München, 2005)
Depression – Krankheitsbild und Therapie.

Reng, Ronald (München, 2010)
Robert Enke.

Rosentritt, Michael (Hamburg, 2009)
Sebastian Deisler: Zurück ins Leben.

Schäfer, Rainer (München, 2011)
Rote Karte Depression. Das Ende einer Karriere im Profifußball.

Schneider, Frank (München, 2013)
Depressionen im Sport.

Internetquellen

[1] SPOX.com - „Studie deckt schockierende Zustände auf"
http://www.spox.com/de/sport/fussball/1302/News/deutsche-sporthilfe-decke-schockierende-zustaende-auf-.html#redbox

[2] „Depressionen - Depression
http://www.depressionen-depression.net/

[3] „Welche Symptome treten bei Depressionen auf?"
http://www.depressionen-depression.net/symptome-einer-depression/symptome-einer-depression.htm

[4] „Die Ursachen einer Depression""
http://www.depressionen-depression.net/
ursachen-von-depressionen/ursachen-einer-depression.htm

[5] Gepp, Uwe - „Depressionen im Profisport"
http://www.spiegel.de/sport/fussball/depressionen-im-profisport-
keiner-darf-schwaechen-zeigen-a-660945.html

[6] Hubert, Hans-Georg - „Der Druck im Profifußball"
http://www.coachingbuero.de/Artikel-Fuehrung/Der-Druck.htm

[7] „Burnout-Prophylaxe im Profifußball"
http://www.laganda.de/
downloads/111006burnoutprophylaxesport.pdf

[8] Rosentritt, Michael - „Sebastian Deisler im Interview"
http://www.11freunde.de/
interview/sebastian-deisler-im-interview-0

[9] Weber, Christian - „Stress allein reicht nicht"
http://www.sueddeutsche.de/wissen/depression-und-
leistungssport-stress-allein-reicht-nicht-1.1197121

[10] Berg, Christiane - „Wege aus der Burnout-Falle"
http://www.pharmazeutische-zeitung.de/index.php?id=3631

[11] „Burnout in Abgrenzung zu Depressionen"
http://www.hilfe-bei-burnout.de/depressionen/

[12] Wiedermann, Roland - „Einmal Burnout und zurück"
http://www.zeit.de/sport/2012-06/
rangnick-redbull-burnout-sportdirektor

BEI GRIN MACHT SICH IHR WISSEN BEZAHLT

- Wir veröffentlichen Ihre Hausarbeit, Bachelor- und Masterarbeit

- Ihr eigenes eBook und Buch - weltweit in allen wichtigen Shops

- Verdienen Sie an jedem Verkauf

Jetzt bei www.GRIN.com hochladen und kostenlos publizieren